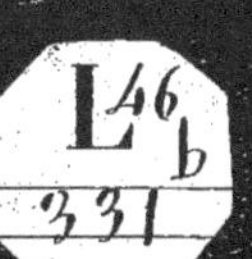

AUX ÉLECTEURS

DU

CHAMP-DE-MAI.

DE LA NATION,
DE LA PAIRIE, DE LA NOBLESSE.

A PARIS,

CHEZ LES MARCHANDS DE NOUVEAUTÉS.

1815

AUX ÉLECTEURS

DU

CHAMP-DE-MAI.

DE LA NATION,
DE LA PAIRIE, DE LA NOBLESSE.

A PARIS,

CHEZ LES MARCHANDS DE NOUVEAUTÉS.

1815

AUX ÉLECTEURS

DU

CHAMP-DE-MAI.

DE LA NATION, DE LA PAIRIE, DE LA NOBLESSE.

Le Prince est fait pour la Nation, et non la Nation pour le Prince. On trouve consolant d'entendre aujourd'hui proclamer cette vérité, et d'espérer de la voir enfin universellement accueillie ; mais n'est-il pas étonnant qu'il se soit trouvé des hommes qui aient pu la combattre ! Qu'elle se répande en tout l'univers ; qu'elle y soit reconnue par un sentiment de justice et de sagesse, et non prêchée par un esprit d'insubordination et de licence ! Ce principe du pacte social, comme toutes les vérités fondamentales, n'a besoin ni de preuves ni de raisonnement ; son simple énoncé suffit pour montrer toute sa force : quel homme n'en voit l'évidence et la nécessité ! quel capitaine, quel chef, quel monarque put jamais, avec les lumières ordinaires de la raison, penser véritablement que la nation entière qu'il gouvernoit n'avoit point de droits qui ne fussent limités par les siens; qu'elle n'éxistoit en quelque façon que pour qu'il pût exercer son autorité et sa toute puissance qu'il possédait essentiellement et par sa propre nature, ayant été fait non point simplement homme, mais homme-roi, homme-monarque! et quel flatteur osa le premier par sa basse complaisance entretenir une si ridicule erreur!

On doit respecter les puissances de la terre. Ce précepte est vrai, et son exécution de rigueur vis-à-vis de chaque citoyen pris en particulier; il commet un crime s'il cherche à intervertir l'ordre établi, il doit s'y soumettre. Mais si la nation entière veut changer cet ordre, si vingt millions d'hommes ne veulent pas que tel autre les gouverne, ou s'ils veulent modifier les formes du gouvernement; répondra-t-on : cela ne se peut, car l'homme qui se trouve en ce moment à la tête de l'état est évidemment né pour le gouverner ; que deviendra-t-il s'il perd cette suprême dignité pour laquelle la nature a formé les membres de cette famille? et puisque les générations précédentes ont bien souffert d'être gouvernées de telle et telle façon, ne doit-on pas incontestablement suivre leur exemple, encore bien que les circonstances aient changé, et qu'on puisse facilement remarquer les inconvénients d'un gouvernement formé pour un état de choses tout à fait différent, pour des mœurs, un caractère, un esprit et des habitudes qui ne sont plus les mêmes? Ces raisons ne sont-elles pas dérisoires, et un pareil langage pourroit-il être tenu sérieusement?

Mais tout pouvoir vient de Dieu, dira-t-on en insistant : je m'arrête à cette maxime souvent répétée, et qui a besoin d'explication pour être bien conçue. Oui, toute autorité, toute force viennent de Dieu dans un sens étendu, puisqu'en ce sens il n'est rien qui ne vienne de lui, étant auteur de tout, et des êtres, et des lois qui établissent leurs rapports, d'où dérivent les biens et les maux du monde physique et du monde moral. En vouloir conclure que les chefs du gouvernement ne le sont que par une volonté spéciale de la Divinité, qu'on doit les supporter quels qu'ils soient, et qu'aucune autorité humaine ne peut essayer de les renverser, puisque ce seroit s'attaquer au ciel même, c'est une erreur grossière. La puissance qui a créé les êtres, a aussi établi les lois par lesquelles ils agissent les uns relativement aux autres ; elle régit le monde d'après ces lois que sa sagesse a imposées, et elle a laissé à l'homme une liberté entière d'où naît toute la moralité de ses actions ; mais sans vouloir par là les abus que chaque jour il peut faire de cette liberté, en forçant ces mêmes lois, formées pour le bonheur universel, de concourir à l'injustice et à l'oppression. La force pourra toujours accabler la foiblesse, la ruse tromper la candeur et la bonne foi, l'homme armé commander à celui qui ne l'est pas ; mais quand cela arrivera, soutiendra-t-on que la Providence l'approuve, ou qu'elle l'a ordonné ? et la rendra-t-on complice d'un assassinat, parceque le poignard ne s'est pas miraculeusement brisé entre les main du criminel ? on voit combien il seroit absurde de dire qu'une chose est commandée par la Divinité uniquement parce qu'elle se fait, et par la même raison de prétendre que la puissance et l'autorité viennent de sa volonté expresse et particulière, par cela seul qu'elles existent. Un tel par la grâce de Dieu est roi, comme un autre est poète, orateur, ministre, général, propriétaire. Je ne soutiens pas qu'il ne puisse y avoir eu quelques exceptions, et que tel roi, tel général ou orateur ne l'aient été par une volonté spéciale. Il suffit que ce soient des exceptions, elles confirment la règle.

C'est encore en ce sens étendu que, pour inviter les hommes

à la patience, on leur parle des divers maux qui affligent l'hu-
manité ; ce mal vous vient du ciel, nous dit-on, supportez-le
avec résignation : le conseil est très-bon, mais il n'empêche
pas qu'on ne cherche à éloigner ce mal, qu'on ne le combatte
par toutes sortes de moyens, et qu'on ne fasse usage des remèdes que la Providence nous donna ; car si elle a permis les
maux, les remèdes aussi viennent d'elle.

L'homme, quelque élevé qu'il soit, peut aussi par modestie, et
pour rendre hommage à l'auteur de son être, lui rapporter tous les
avantages dont il jouit, et dire en ce sens; mon pouvoir vient
de Dieu ; c'est-à-dire mon pouvoir et ma gloire ne doivent pas
m'énorgueillir, ils ne m'appartiennent pas, je me sens trop foible,
trop petit pour avoir pu les acquérir par moi-même, les succès
que j'ai obtenus, je les dois moins à mon mérite qu'à une faveur du
ciel. Mais que ces mots proférés par l'humilité ne deviennent pas
le cri de l'orgueil, et que cet homme ne veuille pas dire en les
prononçant : mortels, obéissez, ne raisonnez pas sur ma puissance, la divinité me l'a donnée pour que je l'exerce suivant
mon bon plaisir. Ce seroit un vrai délire, et les accens de la folie.
Les lois qui régissent les rapports des êtres, telles qu'il a plu
à la Providence de les établir, ne pouvant avoir leur action in-
terrompue que par un prodige, il faut que ce fait hors de l'ordre
commun soit bien avéré pour mériter notre croyance. Toutes
les fois donc qu'une chose arrive, nous devons croire qu'elle
n'a lieu que par suite des lois naturelles, hors les seuls cas où
le contraire seroit évidemment prouvé. Qu'un homme soit
placé sur le trône par le choix de la Nation, qu'il y monte par
la puissance des armes, qu'il s'y élève à force d'or et d'intrigues,
qu'il profite d'une sédition ou d'un mécontentement général
pour y parvenir; il n'y a rien là que de conforme aux lois

établies, et il seroit déraisonnable de chercher une cause miraculeuse à des effets qui s'expliquent sans prodige, lorsque d'ailleurs il y a toujours une infinité de causes naturelles dont l'action échappe à nos yeux. Pompée et César se disputent à Pharsale l'autorité suprême ; César a les meilleurs soldats, ses vieilles légions mettent en déroute des bataillons de jeunes Romains peu faits au métier des armes, Pompée est battu, et laisse Rome à son rival. Octave à son tour hérita de la puissance de son père adoptif parcequ'il défit Antoine, il le défit par une infinité de circonstances qui déterminèrent sa victoire ; pourquoi irais-je chercher là des miracles ? quand rien ne m'en offre le plus léger indice, et lorsque pour y croire j'en dois avoir la preuve évidente.

Mais la divinité, pour l'accomplissement de ses desseins, ne peut-elle pas influer sur les causes naturelles d'une manière cachée ? je le crois. Et ne seroit-on pas alors coupable de s'opposer au cours des choses quel qu'il soit ? je le nie. Si les loix ordinaires ne sont pas évidemment interrompues, s'il n'est pas impossible de donner l'explication de ce qui s'est passé par des causes naturelles, ce qui n'existe pas dans la supposition d'une influence cachée, cette détermination est comme n'existant pas aux yeux de l'homme, et il ne peut commettre de faute en agissant suivant les droits que lui donnent la justice, la raison, et la nature : Dieu fera toujours bien ce qu'il veut. N'apperçoit-on pas où nous conduiroit cette supposition gratuite ? l'influence étant cachée, il n'y auroit pas plus de raison d'y croire dans une occasion que dans toute autre, et si on l'admet une fois, on pourra l'admettre toujours ; la persuasion, qu'on veut que j'aie de cette influence divine sur un fait particulier touchant lequel il n'y eut aucune trace de prodige, n'est donc que le rêve d'une imagination déréglée, ou plutôt la doctrine du petit nombre de ceux qui ont intérêt à la défendre. Dans ce système déraisonable, la réussite des projets, quelque odieux qu'ils fussent, seroit la preuve de la volonté divine; et quelque injustice quelque atrocité qui se commît, on n'oseroit s'y opposer! On commettroit un crime, si l'on tentait d'arrêter les fureurs de l'anarchie! Tout un peuple seroit coupable de vouloir résister à l'oppression, dès qu'elle auroit des succès! Le despotisme établi pourrait l'être jusqu'à la fin des siècles, ses caprices barbares et sanglans seraient appelés décrets divins! On finiroit ainsi par croire qu'il n'est plus permis de s'opposer à aucun mal existant, et l'homme découragé se plongeroit dans le fatalisme pour tâcher d'y trouver l'oubli de ses maux; à moins que par le concours des circonstances, et par son caractère particulier, le peuple, sous quelques chefs hardis, ne se livrât sans cesse à de nouvelles entreprises, persuadé qu'un commencement de succès en assurera l'entière réussite, et aura tout justifié, puisque c'est la providence elle-même qui l'aura voulu.

J'ai cru ces développemens nécessaires pour démontrer à tous les esprits, que nous devons nous borner à regarder l'autorité des Princes, comme ne dérivant que des règles ordinaires et naturelles établies pour régir le monde, hors les cas particuliers, où le contraire seroit évidemment prouvé. Cette autorité dans l'ordre commun prend sa source dans le choix de la nation (1), dans la force qui l'aura réduite, ou dans la ruse qui l'aura

(1) Soit que la Nation crée cette autorité, ou s'y soumette en l'adoptant volontairement, ce qui rend alors légitime pour les citoyens un gouvernement injuste dans son origine: et il faut bien remarquer que le gouvernement établi ou existant dans quelque hypothèse que se soit, a toutes les apparences de la légitimité, et doit être réputé légitime relativement aux rapports qui existent entre lui et les citoyens, tant que la volonté générale ne s'est pas déclarée contre lui.

trompée : toute la question se réduit à ces termes. L'on voit que dans les deux derniers cas, la force et la ruse ne donnent pas de droits auxquels on ne puisse essayer de se soustraire , et que dans le premier cas, le plus favorable à l'autorité, puisque c'est le seul qui soit juste et légitime , le prince n'est qu'un mandataire, tenant tous ses pouvoirs de la nation, qui peut les révoquer dès qu'elle le juge à propos.

Pourquoi traiter ces matières, dira quelqu'un? ne sait-on plus qu'il est des vérités qu'on doit cacher? Cette maxime triviale , répondrai-je , a pu trouver son application relativement à des intérêts particuliers , surtout quand ils étoient fondés sur l'injustice , mais pour ce qui touche au bonheur général, jamais. S'il se rencontroit un concours de circonstances tel que le moment parût peu opportun à la publicité d'une de ces vérités ; dans ces cas fort rares, les considérations qui obligeroient au silence ne peuvent être de longue durée; et prétendre qu'il est de ces vérités qu'il est bon que le peuple ignore toujours, c'est une erreur , c'est un crime. Eh! d'ailleurs qu'on me dise à quelles extravagances de nos jours l'esprit des hommes ne s'est pas porté! En fait de ce qui est mal ou faux, quelles choses n'ont pas été dites ? Quels paradoxes n'ont pas été soutenus ? Quels systêmes n'ont pas été élevés? Quelle chose fut assez auguste pour échapper à l'insulte ou à la raillerie ? Et pourroit-on être de bonne-foi si l'on soutenoit qu'il est quelque vérité qu'il seroit imprudent de révéler aujourd'hui. Langage artificieux , discrétion simulée qui cacheroit une arrière pensée ! Quand on s'est jeté dans tous les extrêmes, le langage de la vérité , toujours éloignée des excès, peut-il être à craindre !

Disons-le donc hautement, et répétons-le pour le bonheur du

monde, jusqu'à ce qu'il ait retenti d'un pôle à l'autre; les Princes sont faits pour les Nations, et par les Nations. La volonté générale à le droit de changer ou de modifier le gouvernement, elle est suprême en ses décrets sur cet objet, elle peut destituer les rois ou les créer. Que cette puissance souveraine soit partout reconnue! désirons seulement que la nécessité de l'exercer ne se rencontre jamais; qu'elle soit comme une sentinelle sans cesse placée en surveillance pour retenir les chefs du gouvernement dans leur devoir; qu'ils s'appliquent à la bien connoître, et que, loin de lui opposer une résistance inutile et coupable, ils lui cèdent peu à peu ce qu'elle demande sans la contraindre de se déclarer ouvertement, et de l'exiger elle-même : car cette manifestation, surtout chez une nation nombreuse, se fait difficilement sans troubles. C'est un moment de crise, souvent accompagné de secousses violentes, et qui ne se termine pas sans de vives douleurs pour le corps social.

La volonté générale, outre l'autorité qu'elle a d'elle-même, se fortifie encore de celle que lui donne la justice; chez un peuple qui n'est pas enseveli dans les ténèbres d'une ignorance crasse, ou sous les préjugés atroces d'une idolâtrie barbare, ce sentiment se trouve naturellement gravé dans tous les cœurs, et ce n'est qu'après de longs abus et de fréquents écarts, qu'un gouvernement établi peut déplaire au point d'exciter contre lui une ligue nationale. Un chef de parti parviendra peut-être à égarer la multitude, ou il essaiera de parer du nom de volonté générale les cris de hardis séditieux? s'il en était autrement, ce seroit la seule chose dans le monde, dont l'homme n'eût pas le talent d'abuser. On a pu commettre des crimes sous les apparences de la justice, celle-ci en méri-tera-t-elle moins nos hommages ; et la vertu cessera-t-elle

d'être honorée, parce que l'hypocrisie nous aura trompés ?
On peut remarquer encore que les gouvernemens n'ont pas
le droit de se plaindre trop haut de l'inconvénient dont nous
venons de parler ; leur chute en cette occasion est toujours
une forte prévention contre eux : c'est qu'ils la favorisèrent par
leurs injustices ou par leur imprudence. En effet, dans cette
lutte inégale un gouvernement doit triompher sans peine ;
puisque dans celle même qui s'engage entre lui et la nation,
que d'obstacles ne rencontrent par les premiers héraults de
la volonté générale ! Quels dangers ne courent pas ces membres
de la société qui, les premiers, vont réclamer ses droits !
Cette volonté n'a pour elle que sa généralité ; c'est une masse
longtemps inerte, et difficile à mettre en mouvement. Le gouvernement a pour lui une ancienne autorité à laquelle on est
accoutumé d'obéir, mille ressources dans sa défense ; dans
l'attaque au contraire, si elle fut un peu prématurée, le moindre
échec disperse et détruit ceux qui la tentèrent. Que leurs vain-
queurs pourtant ne s'enorgueillissent pas ! leurs succès ne seront
qu'éphémères, et cette volonté nationale finira par l'emporter.
C'est un fleuve d'une immense étendue dont les eaux d'abord
paroissent dormantes, insensiblement on les voit se mouvoir,
elles s'enflent, minent sourdement ce qu'elles ne peuvent renverser, prennent une force qui s'accroît avec les obstacles, et
entraînent enfin avec une rapidité prodigieuse les débris de
toutes les digues et barrières qu'on leur avoit opposées.

Quelle est aujourd'hui la volonté générale en France ? Est-
elle d'accord avec la constitution proposée ? Je croirai le dé-
couvrir, en distinguant ce qui est évidemment juste et utile ;
et je l'examinerai relativement à deux points qui me paroissent de la plus haute importance, et qui auront certaine-

ment uue grande influence sur les destinées de l'état. Lorsque le peuple français attend et doit espérer d'obtenir une constitution sage , juste et dégagée de préjugés ; quand on proscrit les bisarres et humilians priviléges de la féodalité ; on institue l'hérédité, on la regarde comme indispensable, on l'érige en droit, on la couvre d'honneurs, de titres et de distinctions. Hérédité dans la Noblesse et dans la Pairie, c'est cette double hérédité, ce sont ces injurieuses prérogatives que j'attaque. Les prétentions de l'ancienne Noblesse sont bafouées, on les regarde comme injustes ; cependant parmi nous le fils aîné d'un Comte sera Comte , et celui d'un Pair votera dans la chambre des Pairs ; l'un et l'autre devront jouir de ces avantages, quels que soient d'ailleurs leur esprit et leurs mœurs. D'où naît cette contradiction entre le langage et les effets ? et quelle confiance doit-elle inspirer !

Sénat ou Chambre des Pairs , ces mots ne jouissent pas d'une grande considération en France ; et l'opinion la plus répandue est que l'intérêt personnel et la cupidité sont les principaux mobiles des membres d'un tel corps, l'adulation et l'intrigue la première occupation qu'ils dérobent à leurs loisirs. Sous le nom de Pairs seront-ils plus fidèles à leurs devoirs que sous celui de Sénateurs ? et si tel d'entre eux le trahit , le puissant motif de décorer son fils de la même dignité , sans le connoître et quel qu'il puisse être !

Quand on déclare cette Chambre héréditaire, ne voyez-vous pas que c'est pour assurer son indépendance ? m'objecte-t-on avec une chaleur qui prouve assez tout l'intérêt qu'y peut mettre certain interlocuteur, et l'espérance qu'il a que lui ou quelqu'un des siens fera partie de cette Chambre privilégiée. L'égoïsme trouve toujours quelque argument spécieux, il se replie en cent façons, et cache sa tête hideuse et décharnée sous le voile de l'intérêt public. La Chambre des Pairs héréditaire sera indépendante ? Eh ! comment le croire ! ce n'est pas là que se contractera la noble habitude de manifester sa pensée avec franchise, et dès l'enfance, ses membres auront été élevés dans l'art de la dissimuler. Pleins de souplesse, ils se seront appliqués de bonne heure à se glisser dans les antichambres des Ministres ; ils courront toutes les voies de l'ambition, puisqu'on les leur laisse ouvertes ; et ils se trouveront ainsi engagés sous la dépendance d'un gouvernement dont ils brigueront les faveurs, et qui n'aura pas même la peine de s'occuper des moyens de s'attacher une Chambre qui se livrera toute d'elle-même. Il en disposeroit, le nombre des élus ne fût-il pas illimité : que sera-ce l'étant ! on les entendra sans cesse applaudir aux opérations ministérielles, et si quelquefois ils se permettent d'humbles observations, ce sera pour stipuler leurs propres intérêts ; mais ceux du peuple, ils n'auront rien reçu de lui, et n'en peuvent rien attendre ! destinés dès leur naissance à la Pairie, ils n'auront jamais été simples citoyens ; la nation leur sera étrangère ; ils ne connoîtront que la Cour, dont ils s'empresseront en toute occasion de mériter quelques grâces nouvelles. Voilà comme ils seront indépendans.

On a trouvé cette objection de l'indépendance en faveur de l'hérédité non point en examinant la question en elle-même, mais seulement parce qu'on a dit : le Sénat n'étoit pas héréditaire, et il étoit bien clairement dévoué à toutes les volontés du gouvernement ; eh, bien ! la raison de cette obéissance servile, c'est qu'il n'étoit pas héréditaire. Les logiciens ont distingué cette fausse maniére de raisonner qui est la source de beaucoup d'erreurs : ce n'est pas en effet parce qu'une chose en accompagne une autre et s'opère avec elle, qu'on doit la considérer comme en étant la cause ; et qui croira jamais, en y réfléchissant, que l'ancien Sénat héréditaire et tout composé de fils de Sénateurs eût eu moins de complaisances ! ce n'étoit pas la non-hérédité qui le rendoit obéissant ; mais l'autorité d'un gouvernement dont la force, les succès, et la gloire asservissoient tout, et ne connoissoient point d'obstacles.

Aujourd'hui la Chambre des Pairs ne remplace pas le Sénat, elle n'a pas la suprême et trop dangereuse attribution de faire de ces actes appelés Sénatus-consultes ; bornée à concourir à la formation de la loi, la question de son indépendance offre une solution moins importante. Au reste, cette Chambre doit être regardée comme étant par sa nature même attachée au parti ministériel. Pourquoi ses membres en effet défendroient-ils les droits et les intérêts de la nation ? n'a-t-elle pas des hommes qu'elle en a spécialement chargés ? ceux-là anroient mauvaise grâce à se montrer plus populaires que ses réprésentans, et ils se trouveroient offensés de marcher en seconde ligne avec eux dans la même carrière. Cette Chambre, dans l'exercice de ses fonctions législatives, se montrera prête à seconder les vues du gouvernement, et à le soutenir dans ses projets de loi ; mais n'étoit-ce pas assez qu'il en eût l'initiative ! quel appui d'ailleurs lui prêtera cet assentiment, superflu d'une Chambre de Pairs peu considérée d'après le système d'hérédité ? ne faudra-t-il pas toujours que la loi soit acceptée par la Chambre des Représentans, dans laquelle les ministres ne se trouveront pas moins obligés de se ménager de puissantes et efficaces relations ? La participation de la Chambre des Pairs dans la formation de la loi ne donne donc véritablement aucun résultat utile, ni pour la nation, ni pour le gouvernement

Pour motiver l'existence de cette Chambre, on a pu seulement la considérer comme un intermédiaire entre le trône, et les Représentans du peuple, propre à rendre plus respectueuses l'attitude et les formes un peu fières, que ceux-ci seroient portés à prendre : c'est, si l'on peut s'exprimer ainsi, une galerie imposante qui précède la salle du trône, et doit en augmenter l'éclat. La Pairie offre aussi une récompense après de longs et utiles travaux. Mais sous aucun de ces rapports, elle ne doit être héréditaire. Si l'on prétend qu'elle exercera des fonctions législatives essentielles, sera-t-il avantageux qu'un idiot puisse s'en trouver investi ? Si on la regarde principalement comme un intermédiaire qui donne d'honorables prérogatives, et permet d'approcher du trône, il est injuste et absurde que tant de citoyens illustrés dans l'armée et dans la magistrature n'obtiennent pas cette récompense méritée par leurs talens et leurs longs services, de préférence aux fils inconnus de messieurs les Pairs. Le nombre en est illimité, dira-t-on. C'est justifier une injustice par un abus. Que la Chambre subsiste, mais que le nombre de ses membres soit limité, et que l'hérédité disparoisse. Cette hérédité est indifférente pour l'autorité du prince, injuste à l'égard du reste des Français, bonne seulement pour ceux qui seront nommés Pairs. Quand une place deviendra vacante, que chaque collége électoral de département présente un candidat pris parmi ceux qui auront rempli les principaux emplois de l'état (1), que ce nombre soit réduit à la moitié par la Chambre des Représentans, et que sur cette moitié la Chambre des Pairs désigne trois, six ou dix individus,

----

(1) Il n'entre point dans mon plan de parler de la première organisation de ce corps, qui peut être soumise à des règles particulières.

parmi lesquels le Prince choisira. On a lieu d'espérer alors que les choix seront bien faits; et que par conséquent la Chambre en sera plus indépendante, mieux éclairée sur ses devoirs, plus ferme et plus fidèle à les remplir. Si l'on veut soutenir que le gouvernement trouvera toujours les moyens de l'avoir à sa disposition; je répéterai qu'alors même la Pairie, regardée comme dignité essentielle dans l'hiérarchie des corps de l'état, doit être réservée aux hommes qui s'en rendent dignes par leurs travaux, et non pas ignominieusement abandonnée à des jeunes gens étourdis, oisifs, et pis encore peut-être. Non, non, qu'on ne croie pas qu'il soit utile de créer Pairs aujourd'hui des êtres qui ne sont pas encore nés; nous ne savons s'ils seront spirituels ou stupides, braves ou lâches, vertueux ou corrompus. Est-ce ainsi qu'on croiroit faire respecter nos institutions ? Jettons quelques regards dans l'avenir; et voyons-y que si la justice ne préside à notre ouvrage, il sera de courte durée. Un fort mouvement a été imprimé, de vives lumières ont brillé au milieu de nos égaremens politiques, et la France ne goûtera le repos que sous un gouvernement modéré, et fondé sur une égalité parfaite entre les citoyens; égalité qui respecte les distinctions que le mérite a conquises, mais qui se révolte à l'aspect de celles que donne un vain droit d'hérédité. On se rappelle la risée qu'excita cette disposition de la constitution du gouvernement provisoire qui proclamait l'hérédité du Sénat. Déclarant l'unique fonction de Sénateur héréditaire, elle sembloit marquer par cette exception, et par l'exemple parlant de quelques personnages, que cette place, parmi toutes les autres, ne demandant ni qualités ni talents, pouvoit sans inconvénient être héréditaire.

Si l'hérédité de la Pairie est absurde, injuste, impolitique;

celle de la Noblesse s'étendant à plus d'individus réunit ces vices à un plus haut point, a des effets plus multipliés, et causerait des résultats plus pernicieux encore. Les institutions de majorats et nos précédens statuts sur la nouvelle Noblesse n'étant point abrogés, cette Noblesse doit donc être héréditaire ! belle dans son origine, digne récompense du mérite, elle se flétrira bientôt en devenant sans gloire et par droit de succession, le patrimoine de gens indignes de la posséder ; la récompense s'étendra aveuglément, et au détriment des contemporains sur une descendance usurpatrice ; un héritier imbécille jouira de titres qui durent toujours être acquis par des services envers l'état; et cet odieux privilège jettera une division héréditaire entre les citoyens. Qu'un homme veuille obtenir sur moi une préférence, devenir l'objet d'une distinction, je m'indigne s'il n'est qu'un héritier bouffi d'orgueil et de sottise; mais que je voie un homme vieilli dans les travaux, ou un jeune guerrier dont les blessures attestent les dangers où il s'exposa pour la patrie, loin de m'offenser : je me fais un devoir de leur marquer ma déférence, j'aime à les voir jouir de leurs honneurs. Celui qui n'aura que son droit d'hérédité, et prendra cette hauteur toujours compagne de l'ignorance, excitera le courroux, ou fera rire de pitié : la loi accordera des préséances qui seront refusées par l'honneur; et ces oppositions ne pourront qu'affoiblir le gouvernement, et tourner au désavantage de la chose publique.

Quel motif d'émulation, quel encouragement l'état ne perd-t-il point par l'hérédité de la Noblesse ! Pourquoi me livrerais-je à une vie pénible et laborieuse ? dira l'homme né titré : ne suis-je pas Noble ? cela me suffit, je suis digne de tout. Que ferai-je ? dira l'autre : je trouverai des obstacles à chaque pas, j'ai eu le malheur de naître dans une classe humiliée, je ne suis qu'un misérable roturier : et tous les deux sont perdus pour l'état , l'un par orgueil, l'autre par découragement. Croyez-vous, me dira-t-on, que les emplois civils et militaires auxquels tous les Français sont admissibles et qui ne seront accordés qu'aux talents, ne suffiront pas pour exciter l'émulation? Il seroit vrai; le systême de l'hérédité ne seroit pas justifié même à l'égard du reproche que je lui fais ici ; car l'encouragement que donne la Noblesse non hérèditaire est le plus fécond en beaux traits et en belles vies , étant elle-même la plus belle des récompenses; et d'ailleurs ne voit-on pas l'abus naître de l'abus, et l'injustice de l'injustice ? Pense-t-on qu'avec cette hérédité on parviendra indistinctement aux emplois, et que les Nobles ne seront point préférés ? Ils approcheront plus facilement le Prince et les Ministres ; comment se défendre de leurs importunités, aidées du préjugé qui parlera en leur faveur par cette loi même qu'on voudroit leur opposer ? car c'est d'après elle qu'ils jouiront de leurs avantages et de leurs titres. On aura beau se perdre en distinctions, on ne pourra jamais sur ce point les réduire au silence, et l'usage les mettra en possession de places qui ne seront plus que pour eux : c'est là l'effet inévitable de l'hérédité. Si elle n'existoit pas, n'y auroit-il plus de brigue ni de faveur ? Je ne dis pas cela ; mais parce qu'on ne peut anéantir tous les vices de la societé, deviendra-t-il utile pour elle de fonder une institution qui en introduit mille ? On sait que malgré la loi il se commet des injustices ; que sera-ce si elle en donne l'exemple ? Elle doit montrer partout son indignation contre les préventions injustes, et elle trouvera digne d'un titre celui qui n'a eu que le mérite de naître ! Que faudra-t - il pour le trouver digne de la place qu'il sollicite ?

Il faut éviter l'esprit de système, il est dangereux en législation ; mais ici l'esprit de système, c'est l'hérédité de la Noblesse ; l'esprit de bon sens et de raison, c'est qu'elle ne soit pas honteusement livrée à celui qui ne fit jamais rien pour la mériter. Que le citoyen qui remplit avec zèle une place qui demande une longue habitude, et un pénible apprentissage soit noble ; que celui qui revient au sein de sa famille, couvert de blessures et de lauriers, reçoive de son Prince, et de la patrie reconnoissante, un titre et des honneurs ; encouragement précieux offert à tous les citoyens pour prix de leurs services, et de leur dévoûment : mais que ces titres ne soient point héréditaires ; qu'ils n'aillent point décorer une postérité dégénérée, fomenter l'insolence, exciter l'orgueil, décourager la vertu, et arrêter les plus généreux transports ! Eh quoi ! cet homme est indigne d'occuper le plus mince emploi, cependant il faut qu'il soit Noble : celui-ci remplit honorablement des fonctions importantes, et il ne doit pas l'être, à moins que par un cas spécial et extraordinaire il n'acquière cette Noblesse ; et encore comme c'est lui qui l'aura méritée, elle aura peu de lustre ; elle n'en prendra qu'après qu'une longue suite d'héritiers, quelques médiocres personnages qu'ils soient, se seront succédés les uns aux autres ; ces derniers alors commenceront à passer vraiment pour Nobles. Sommes-nous donc condamnés à voir revivre ces ridicules distinctions ? Qui ne voit qu'elles ont pris naissance dans un temps où l'éducation d'un Noble différoit essentiellement de celle que recevoit un homme qui ne l'étoit pas ? de même que les enfans d'un nègre qui, à chaque génération, s'alliant à ceux d'un blanc, finissent par perdre leur première couleur ; ainsi la postérité d'un Vilain fait Noble , perdoit peu à peu son ignorance et sa grossièreté. Mais depuis long-temps ces différences n'existent plus en France, les divers genres de mérite sont confondus dans la société; l'esprit, les grâces, les talents, et les vertus ne sont point l'apanage d'une classe particulière ; et cette bizarre hérédité est devenue pour nous le comble du ridicule. Ne cherchons point à remonter vers des siècles dont nous adopterions quelques préjugés; sans espérer d'en reprendre la respectueuse patience, et la docile simplicité.

La place de Maréchal de France sera-t-elle héréditaire ? Non, parce qu'il faut qu'un Maréchal ait le talent et les qualités indispensables à l'exercice de ses fonctions : et celle de Pair sera héréditaire ! c'est donc à dire qu'il peut être privé de talens et de qualités. Votre père étoit conseiller d'état ou président d'une cour ? Vous ne pouvez l'être, ce fardeau est au-dessus de vos forces. Mais il étoit Pair ? oh ! vous le serez ; il étoit comte ? vous le serez aussi; encore bien que vous ne soyez qu'un sot. Est-il donc utile, et juste qu'il y ait en France une classe d'hommes qui, indépendamment de leurs vices et de leur incapacité, jouissent de prérogatives et de titres distingués ! Mais si ces titres ne demandent ni talens ni vertus, que ce soient des hochets nécessaires ? Cette supposition est celle d'un fou ; dès que la Noblesse existe elle doit être respectée, si l'on ne veut s'exposer aux plus funestes inconvéniens: et elle le sera, si elle n'est accordée qu'avec discernement ; si elle n'est pas abandonnée au hazard, et qu'elle n'aille pas décorer un mauvais citoyen, ou un automate qui pour prix de sa nullité se verra chargé d'honneurs.

C'est la Noblesse héréditaire, dit-on, qui peut seule donner de l'éclat au trône. Quelle erreur ! le trône tire son éclat de la personne du Monarque; et du choix qu'il fait, de ceux qui occupent les premières charges , et de ceux qui forment les principaux corps de l'état. Ce sont les hommes qui remplissent ces éminentes fonctions , à qui il appartient d'entourer le Prince, de jouir de sa confiance, et de l'honneur de sa familiarité ; ce sont eux , quand ils sont ce qu'ils doivent être, probes, courageux, et éclairés, qui maintiennent l'équilibre et l'harmonie dans les divers pouvoirs, augmentent la majesté de la couronne, et font la garantie des peuples; et non pas une Noblesse surrannée, surtout quand elle est séparée des principaux emplois; aussi dans le systéme de l'héredité, il faudroit lui en assurer exclusivement la possession, car ce sont évidemment ceux qui les occupent, qui doivent posséder les titres; ces deux choses ne peuvent être désunies; et voir ceux-ci appartenir à l'homme oisif, c'est un scandale public, et l'effet d'une institution barbare.

Il seroit facile de balancer avantageusement la manière dont le chef du gouvernement, les divers corps de l'état, et le peuple concourroient pour conférer les titres, et pour nommer aux emplois dont les principaux doivent toujours donner la Noblesse ; et l'on trouveroit dans cette récompense flatteuse, la faculté de supprimer ou de diminuer une infinité de traitemens qui accablent l'état, et qui ne rendant les âmes sensibles qu'à l'argent, ont étouffé en elles tout sentiment d'honneur. Le gouvernement crut fortifier les ressorts de l'administration en attachant aux principales places des traitemens considérables; on vouloit de la représentation, et le plus souvent une prudente économie tournoit à son bénéfice particulier cette munificence mal entendue: le peuple d'ailleurs a tant d'yeux ouverts qu'on ne lui en fait plus aisément accroire; un vain luxe ne lui en im-

3.

pose pas; il sait distinguer les hommes au milieu de ce frivole étalage; et le gouvernement par son faux système ne fit qu'encourager l'égoïsme, exciter une avidité sans bornes; et l'on peut, je crois, affirmer sans crainte que ce n'est pas dans les premières places que se sont le plus purement conservés, l'amour du bien public, l'attachement à ses devoirs, un zèle désintéressé, et une fidélité incorruptible.

Les talens et les vertus n'ont-ils pas brillé parmi nous dans un temps où la Noblesse étoit héréditaire? j'en conviens; mais ce n'est pas ainsi qu'on peut défendre l'hérédité. Il faudroit prouver que sans elle, ces talens et ces vertus n'eussent pas fleuri, malgré les diverses causes qui en amenèrent alors le développement; c'est ce dont un peu de jugement montre l'impossibilité. Parlera-t-on de l'Angleterre, pays souvent cité, où les Nobles le sont héréditairement? je dirai, parmi les institutions anglaises, ce n'est pas celle-là qu'il nous faut imiter; quelque haut qu'on les vante, elles sont loin d'être parfaites; et j'ajouterai la liberté civile et politique est grande chez les Anglais, et elle s'unit au plus fort esprit national qui soit en Europe; en France le caractère est léger, et l'esprit public peu prononcé : il en résulte que les vices de l'hérédité se feront moins sentir en Angleterre, et qu'il seroit imprudent de laisser en France le même essor à la liberté; mais qu'à cette privation, on n'aille pas ajouter le fardeau d'une hérédité d'autant plus oppressive.

Ce que nous avons dit jusqu'ici, ne peut s'étendre au Prince, ni aux membres de sa famille; c'est pour l'intérêt des peuples et non pour le sien que son hérédité est établie, et voilà ce qui la rend et si solide et si respectable. Les prérogatives dont il jouit dans l'ordre de l'hérédité assurent le repos et le bonheur de

la nation. Ses droits ne peuvent être combattus, puisqu'ils sont
la base de la prospérité publique. Son élection entraîneroit trop
d'inconvéniens et de troubles, l'Etat seroit sans cesse agité,
les factions y domineroient, le nouveau Prince auroit toujours
à reconnoître les services de ceux qui l'auroient fait parvenir
à cette place suprême, ce ne seroient que changemens et
bouleversemens continuels. Cette différence établie, qu'il ne
soit plus fait de comparaison injurieuse, qu'on n'entende plus
un Noble par succession dire impertinemment; je jouis de mes
honneurs comme le Prince jouit des siens, ce sont les mêmes
motifs et la même justice qui nous les attribuent; et qu'on ne
prétende plus enfin confondre la Noblesse burlesque et cho-
quante d'un homme à charge à l'état, avec la dignité du prince
essentielle, conservatrice et nécessaire.

Aucune objection raisonnable ne peut être faite en faveur
de l'hérédité de la Noblesse, et tout parle contre elle. Quelle
disproportion injuste n'a-t-elle pas introduite de tout temps
dans les successions! quel dérangement les majorats, institution follement rajeunie, ne font-ils pas dans notre législation!
quelques-uns soutiendroient-ils que cette hérédité assure la
tranquilité intérieure, parce que le rang et la vocation de cha-
cun semblent être plus particulièrement marqués? recevoir
d'elle la tranquilité! elle ne peut aujourd'hui qu'engendrer la
division, et fomenter les haines; elle anéantira ce sentiment
qui attache si fortement à une partrie dont on attend et la
gloire et le bonheur, cet élan des cœurs qui n'aperçoit plus la
peine, ou qui brave les difficultés; mouvement si précieux
pour l'état, puisque les efforts qu'il inspire ne tendent qu'à obtenir des avantages destinés à celui qui l'aura le mieux.

servi (1). Dira-t-on pour l'hérédité que les enfants ont les glorieux exemples de leurs pères à imiter, et leur nom à soutenir ? mais sans elle, les enfants auront aussi pour les exciter la mémoire de leurs aïeux, et de plus, leur Noblesse à mériter. S'il est juste, dirois-je à un Pair, que vos contemporains, qui ont profité de vos lumières et de votre courage, vous en donnent la noble récompense ; au titre de Pair joignez celui de Comte, ou de Duc ; mais par quel raisonnement prouverez-vous qu'il est également juste, qu'à cause de ces services, la génération future souffre de l'impéritie et du déshonneur de vos neveux, qui pourront bien n'avoir ni votre probité, ni votre esprit, ni votre courage, et que sans connoître on va, tant qu'il y en aura, créer Pairs et Comtes. La Noblesse rendue à sa dignité première, et n'étant plus le jouet d'une loi aveugle, la naissance conservera encore assez d'avantages. Le fils d'un homme recommandable héritera de la fortune et des amis de son père, et il inspirera toujours une prévention favorable ; la célébrité du nom, l'éducation, les modèles qu'il eut dans sa famille, tout parlera pour lui, et pourra en effet le rendre digne de posséder des places et des titres que méritèrent si bien ses ancêtres. C'est ainsi que l'ancienneté de la Noblesse perpétuée par le mérite, ne cessera point d'avoir droit au respect.

Je remarquerai en passant que la nouvelle Noblesse n'étant

---

(1) Il est des emplois, parmi ceux qui ne seroient accompagnés d'aucun titre, qui pourraient sans inconvénient être héréditaires ; il suffiroit que l'héritier fût obligé de subir un examen, ou de prendre des dégrés dans une école, et produisît un certificat de bonnes mœurs : de cette hérédité conditionnelle il résulterait une détermination d'état plus réelle et plus avantageuse que celle qu'on voudroit suppposer obtenir par l'hérédité de la noblesse,

héréditaire qu'avec un majorat, cette hérédité est évidemment mise à prix; telle somme pour la transmission du titre de Duc, telle autre pour celle du titre de comte, et ainsi des autres; ensorte que toute la Noblesse en France sera une Noblesse qu'il aura fallu acheter; le titre le mieux mérité ne pouvant se transmettre, si celui qui le possède, n'en paie le droit par une institution de majorat. On a craint, répondra-t-on, que la noblesse ne fût avilie, et il a fallu que la loi prît soin d'assurer à celui qui en seroit décoré, les moyens de vivre selon son rang. Et s'il ne reste dans une famille que le majorat qui seul est inaliénable? L'aîné le possédera avec le titre : et les autres frères, quelle ressource leur reste-t-il après cette spoliation inhumaine? L'hérédité une fois admise, cet achat qui s'en fait, et les passe-droits qui en résultent dans les familles, deviennent peut-être nécessaires, mais cela ne prouveroit rien sinon qu'une mauvaise institution en attire une autre, et qu'un abus ne se soutient que par d'autres abus. Un Noble par hérédité, pauvre d'argent et de mérite, seroit, il est vrai, un triste personnage, moins digne d'envie que de pitié; dans la vraie Noblesse c'est toute autre chose, la pauvreté ne peut rien contre elle, les revers et les désastres ne la sauroient avilir, l'adversité est un creuset où elle s'épure, et d'où elle se montre plus brillante : Bélisaire recevant l'aumône, est plus grand et plus auguste que lorsqu'il commandoit les armées, et qu'il jouissoit des honneurs du triomphe.

Mais enfin dirai-je aux défenseurs de l'hérédité de la nouvelle Noblesse, tâchez au moins d'être conséquents dans vos principes, et de ne pas tomber en contradiction avec vous-mêmes. Par quelle raison a-t-on détruit l'ancienne Noblesse, pour en relever une autre? Quelle différence y a-t-il donc etre elles? Quelle différence ! s'écrie-t-on ; eh ! ne la voyez-vous pas ! L'une altière et oisive , s'étoit depuis long-temps déconsidérée ; l'autre a servi l'état , et s'est illustrée par d'honorables travaux ; celle-là pour titres invoquoit de vieilles armoiries , celle-ci montre ses écrits ou ses actions ; la première enfin se présentant comme héritière, s'appuyoit sur des faits qui lui étaient étrangers, et réclamoit une récompense qu'elle n'avoit pas acquise ; la seconde n'a pour appui qu'elle-même, elle a créé sa gloire , et conquis ses honneurs par son dévoûment , son zèle, et ses services'envers la patrie. Ne voyez-vous pas que la nouvelle Noblesse se compose de tout ce qu'il a de distingué en France ? Qu'est-ce que les autres voudroient prétendre avec leurs paschemins couverts de poussière , s'ils n'ont rien fait eux-mêmes ? C'étoit un abus dont il a fallu faire justice, et que signaloit l'animadversion générale. C'est fort bien , repliquerai-je ; mais dans un siècle les héritiers de l'ancienne et de la nouvelle Noblesse seront sur la même ligne, ceux-ci auront déjà pris tous les défauts qu'on reproche aux premiers , et leurs droits seront parfaitement semblables : ils se présenteront les uns et les autres tenant à la main un certificat d'actions qu'ils n'auront point faites , mais qui le furent autrefois par leurs ancêtres. Comment alors avec justice établir une distinction entre eux; et si la Noblesse a dû cesser d'être héréditaire pour les uns , comment le seroit-elle pour les autres ? Si les Français reconnoissent que les descendans d'un Fabert ou d'un Villars ne doivent pas être Nobles ; comment les arrière-petits-fils de M. le Pair passeront-ils pour l'être? Ce qui est injuste aujourd'hui, quand on réclame la Noblesse d'un aïeul qui s'est couvert de gloire , sera donc juste vis-à-vis du descendant d'un Noble nouveau! Quelle étrange partialité! et par quelle contradiction bizarre devons-nous faire plus pour la mémoire d'un Pair, qu'on ne feroit pour celle de Chevert, de l'Hôpital, ou de Sully! La France n'est-elle plus la France d'autrefois, et avons nous changé de patrie? ou plutôt les règles de la justice ne cesseront-elles jamais d'être soumise aux caprices des hommes! instituer l'hérédité de la nouvelle Noblesse, c'est reconnoître les droits de l'ancienne qui se présente comme héritière; et vouloir écarter ceux-ci en accueillant ceux de la première, c'est faire voir un esprit faux et soumis aux préjugés, être en opposition avec soi-même, et joindre l'inconséquence à l'injustice.

Que l'hérédité soit sans exception regardée comme un fardeau intolérable, et ses droits comme abusifs; tout rentre dans l'ordre. La nouvelle Noblesse conserve son existence, parce qu'elle a fait les actions, et tout ce qui ne présente que des droits d'héritier est rejetté. La Noblesse alors est vraiment ce qu'elle doit être, et convient surtout au caractère français : compagne du mérite, et non esclave de l'hérédité, elle devient un mobile fecond en effets avantageux; elle excite aux travaux, et elle épargne les finances de l'état en offrant des récompenses dignes de flatter des cœurs généreux; l'union réunit tous les cœurs, le dévouement au Prince est général, il se montre le père de tous les Français, il rallume dans les âmes l'amour sacré de la patrie, et pour jamais disparoît une injustice, germe de divisions perpétuelles. Que dans la constitution on proclame cet article fondamental : « Il y a une Noblesse en France, » mais elle ne passe point à l'héritier; il faut qu'à son tour » il la mérite, et qu'il en soit investi. » Toute la nation applaudira à cette mesure salutaire qui garantira son union, sa puissance, et sa gloire. Que les titres nationaux, et les honneurs qu'ils confèrent soient toujours le prix offert au courage et aux talens; qu'ils deviennent aussi quelquefois la récompense de la vertu, bien qu'elle ne se montre que dans son aimable simplicité! Changeant alors son influence accoutumée, la Noblesse pourra faire revivre les bonnes mœurs devenues si rares parmi nous, et sans lesquelles la meilleure constitution perd son plus solide appui; les bonnes mœurs qui mieux que tout le reste entretiennent l'harmonie entre les divers pouvoirs: inspirant d'un côté la justice, de l'autre l'obéissance et la fidélité, elles assurent au Prince la plus belle des renommées, en faisant éclore dans tout l'état une florissante prospérité.

A. R. D**** DE L'ORME, avocat.

De l'Imprimerie J. M. EBERHART, rue du Foin Saint-Jacques, n. 12.

www.ingramcontent.com/pod-product-compliance
Lightning Source LLC
Chambersburg PA
CBHW061130050726
47594CB00005B/2181